I0621460

এই প্রেম কাল্পনিক মনে হতে পারে

এই প্রেম কাল্পনিক মনে হতে পারে

দেবরাজ চক্রবর্তী

হাওয়াকল

www.hawakal.com

প্রথম প্রকাশ: এপ্রিল ২০১৮

© বনশ্রী চক্রবর্তী

প্রচ্ছদ: চিত্রাঙ্গী

হাওয়াকল পাবলিশার্স কর্তৃক ১৮৫, কালি টেম্পল রোড, নিমতা, কলকাতা—৭০০০৪৯ থেকে প্রকাশিত এবং এস পি কমিউনিকেশনস, গড়পাড় রোড, কলকাতা ৭০০০০ ৯ থেকে মুদ্রিত।

info@hawakal.com

8420758224

১৫০.০০/-

www.facebook.com//hawakaal.publishers

ISBN: 978-93-87883-05-5

বাবা-মা
ও
মেঘাকে

ঋণ

অরণ্য বন্দ্যোপাধ্যায়

সম্পর্ক শেষ হলে
অবয়বটুকু মুছে দিয়ে যায়
এই যে চেতনাময় চরাচর
এর চেয়ে রাত্রি বড় ভাল
অপরিসীম ধারাভাষ্য শেষে
পড়ে থাকে আখরটুকু
পারদের ওঠানামা
কোথাও কেউ নেই বলে
হাওয়ারা চলাচল করে
পূর্ণতার রীতিনীতি এই
চলে যাওয়ার পর
জমি পড়ে থাকে
শুধু হাওয়া খেলা করে
ফসলের অপেক্ষায়...

এই যে গিলে নিচ্ছি বিষ
এই যে সমস্ত ঋতু শেষে ফসলের গান
তারও সুর-ছন্দে ক্রমশ মূর্ছনা লাগে
কখনও মনে হয় শহর অপেক্ষা অরণ্য ভাল

ঝিমধরা অবসরে হা হা করে অন্ধকার
অনুকম্পা বোধ হলে
হেসে ওঠে ছায়াময়
শিখা নিভে যায়
ইতিহাস মুছে ফেলে
শেষ হয় রাত্রিযাপন।

রাত্রিযাপনের গান
তাকেই অধরামাধুরী ভেবে পান করি
উষ্ণতাবোধ থেকে রোমাঞ্চ জেগে ওঠে
অথচ এমন ধারণা শেষে
হাসির মতো অনাবিল হতে চেয়ে
আমাদের বোধজ্ঞান নীল হয়ে গেছে
ভালবেসে তাকে ছুঁয়ে থাকি
সবকিছু ফিরে পাওয়া যায়
স্পন্দন ওঠানামা করে।

তবুও যন্ত্রণাময় এই দীর্ঘক্রান্তিকাল
অধ্যাবসায়হীন অভিসারে গেলে বোঝা যায়—
অস্ফুট জ্যোৎস্নায় সন্দেহ ঘিরে এলে
মুখরতাহীন হয় সব চরাচর,
হারিয়ে যেতে যেতে এই প্রেম
কাল্পনিক মনে হতে পারে।

এমন স্মৃতির মতো গান ঝরে পড়ে
না-বলা অপেক্ষারা চেয়ে আছে মধ্যবর্তী পথে
অকারণ বৃষ্টিপাতে অবয়ব বুঝে নেওয়া যায়
তোমার রহস্যলিপি উন্মোচিত হলে
ক্রমশ তন্দ্রাচ্ছন্ন হয়ে পড়ি
ঘুম ভেঙে পুনর্বার সন্ধানে যাই
হে কল্পনালিপি, কখনও অশ্রুতলোকে
দেখেছ কি কেটে গেছে দীর্ঘ সময়?

সুতীব্র গন্ধক গন্ধে জেগে উঠি
স্নানের অব্যবহিত পূর্বে
মিলন সম্পূর্ণ হলে
ছুঁয়ে থাকে ক্লান্তি, প্রণয়
অস্ফুট কান্নার ধ্বনি লেগে থাকে
অন্ধ শরীর জুড়ে
চিবুক স্পর্শ করে বুঝে যাই
কতদিন সাবান মাখনি
যাওনি ঝর্ণার ধারে...

পরিস্রুত নদীদের মতো
হারিয়েছ গতিবান ধারা
প্রতীক্ষিত এ দৃশ্য আমি
জন্ম দেবো বলে
যতটুকু অনুকম্পা-বোধে কাছে আসি
ততোধিক দূরে সরে যাও,
তোমার মস্তকরেখা গুণে
সব ভস্মে ফেলেছি প্রণয়
কর রেখা জ্যোতিষীর কাছে
যদিও বুঝেছ, এ জীবন অভিসার
আঁকাবাঁকা স্রোতময়, হারিয়েছে বেগবান ধারা।

যা কিছু ছুঁয়েছ
সমস্ত প্রণয়সম্মত
জিহ্বায় বিষ নিয়ে ছুঁয়েছ শরীর
তীব্রতায় নীল হয়ে গেছি
সময় ভিন্ন, এ অন্যকিছু নয়
অম্লমধুর স্বাদে রসের আস্বাদ হল
গভীর ভঙ্গিমায় কেটেছে রাত্রিকাল
ভেঙে গেছে কঠিন বিভ্রমে
যা কিছু ছুঁয়েছিলে তার
সমস্ত সম্মত প্রণয়।

মৃদুস্বরে বিষয়ের কাছে আসি
চোখে চোখ পড়ে
এই যে একা অবসর, টুপটাপ ধারাপাত
এখানেই সব চিৎকার
কলাকৃতি, আখরসমূহে জড়সড় ,
দুপায়ে মাড়িয়ে সাদা খাতা
রাত্রি তার শরীর ছুঁয়ে থাকে।

এই যে রাত্রি
তাকেই আঁজলা ভরে পান করি
অন্ধকার শরীর ছুঁয়ে থাকে
ফলত ছায়ারা অস্পষ্ট হলে
দৃষ্টি বিভ্রম হয়
কোথাও হাতছানি নেই বলে
ঘুম ভিড় করে এলে
বোঝা যায় জলের নিবিড়তা
এইসব নীরবতা মৃতপ্রায়
অস্ফুট কান্নার মতো...

রসসিক্ত হই
তোমার কথা ভেবে
বাগানে যত গাছ দেখো
সকলেই পরাশ্রয়ী নয়, তবু,
আশ্রয় নেবে বলে
কখনও লতাগুল্মে ছুঁয়েছিলে বহুযুগ ধরে
সময়ের দান বোঝনি তো!

শরীরের ঘ্রাণ নিয়ে পরজন্মে চলে গেলে, মনে রেখো,
সে-সব জন্মদাগ আজও স্পষ্ট হয়ে আছে।

ফুলের উৎসবে ধরা দিইনি কখনও
মাতৃক্রোড়ে থেকে অবোধ শিশুর মতো
অরণ্যকে ভালবেসে গেছি
তবু আমি একাকী থাকিনি
বরঞ্চ কোনও লতার সাকুল্যে কাটিয়েছি দীর্ঘক্রান্তিকাল
স্পষ্টত এই প্রেম একা মনে হয়
দীর্ঘ ঘুম থেকে জেগে উঠে
ব্যথা টের পাই...
খোলা ক্ষতের মতো ব্যর্থ স্মৃতি-দাগ
স্পষ্ট চিহ্ন রেখে যায়।

আবার জ্যোৎস্নাময় হয়ে ওঠে দীর্ঘক্রান্তিকাল
বোধকরি ধরা দেবে কাচের ভঙ্গুরতা
গ্রীষ্ম এলে
কানাকলসির কাছে আশ্রয় নেবে বলে ব্যর্থ হয়েছ,
দূর থেকে দেখি দেহের উষ্ণতা বৃদ্ধি, রক্তের ওঠানামা
সহসা বিদ্যুৎচমকে অবস্থান স্পষ্ট হয়ে ওঠে
ব্যর্থ চাতকীর দল উড়ে যায় অন্য কোনও ডালে...

এ-সব কথার কথা, চিৎকার
রেললাইনের ধারে জোনাকির আলো
এসব বিশ্বাসহীনতা বলে
নিজস্ব দিনলিপি লিখে রাখি
আমার চিৎকারসমূহ অন্য কথা বলে
অভিমান ভুলে থাকি
আমার জীবনরেখা সহ্যাতীত মনে হলে
হারানো পথের মতো চিহ্নহীন হয়ে যেতে পারো।

হাসির রহস্য শেষে ফুরিয়েছে অন্ধকার সব
অথচ অবহেলা করে যে গাছে জল দিয়েছিলে
সারে, পরিচর্যায় দেখেছিলে নিরন্তর
আজ সে মহীরুহ ঝুঁকে আছে পৃথিবীর দিকে...
কথা বলি,
ভয়ে বা কান্নায় ভেঙে যায় চরাচরভূমি
আঙিনা হারায়,
কেবল ঘণ্টাধ্বনি শুনে, মন্দিরের পাশে গিয়ে দেখি
তোমার অস্ফুট হাসি ঈশ্বরের মতো।

ক্রমশ যোনিপথ ধরে হেঁটে গেলে
বোঝা যায় সুতীব্র শীৎকার
আশ্লেষ জড়িয়ে থাকে শিরায় শিরায়
এসময় আর্তিটুকু অরণ্যরোদন ধ্বনি
বঞ্চিত সুধারস ফেলে ফিরে যায় ব্যর্থ চাতকী
যেন এই আশ্লেষ নিরন্তর অভিসম্পাত
জয়ের সফল স্থপতি।

তোমার উষ্ণতাটুকু মনে পড়ে
আকণ্ঠ মদ্যপানের পর
যেমন শূন্য মনে হয় এই চরাচর
মাটির গন্ধে মুছে যায় শেষ ধারাপাত
তেমনই সূর্যাস্তের পর প্রতীক্ষায় থাকি
অথচ দ্যাখো, আড়ম্বরহীন এই জীবনের মতো
হয়তো তোমার কথাও কেউ ভেবেছিল
সন্ধান হয়েছিল দেশে-দেশান্তরে।

বহু আকাঙ্ক্ষিত এই পথ
আজ যেন জলের মতো স্পষ্ট হল
দূরত্ব বলে তাকেও লক্ষ্যে বেঁধেছি অতঃপর
ব্যথা ও বেদনার চিরস্থায়ী বন্দোবস্তের মতো
নিরাময় খুঁজেছি
প্রয়োজনে চিকিৎসকের মতো
সন্ধানে গেছি ভেষজ উদ্ভিদশ্রেণির
বুঝিনি, দ্রুত নিরাময়ের আশায় থেকে
রয়ে যাব বর্ণহীন একা।

শুধু অবয়ব...
পলিমাটি পড়ে ক্ষতস্থান ঢেকে গেছে
অলক্ষ্যে বয়ে চলে স্রোত
আর হু হু করে ঘুরে ওঠে হাওয়া
উৎসব শেষে ধুয়ে যায় সমস্ত প্রলেপ
সাজানো প্রতিমার মতো
অস্ফুট হেসে ওঠে মাটি-কাঠ-কঙ্কালরাশি
সবকিছু শূন্য পড়ে থাকে।

তুমি বা আমি,
এই আলোর মতো অন্তহীন
অধরা সমস্তকিছু ছুঁয়ে বসে আছি
জেনেছি বুঝেছি মধ্যবর্তী দূরত্বটুকু
চেয়েও থেকেছি নির্নিমেষ
বরং, পরজন্মে যাওয়া ভাল
মৃত্যুও ভাল, যদি—
চরাচর মুছে দেয় সব অপমান।

অজানাই রয়ে গেল সমস্ত স্পর্শকাতরতা
চন্দনের ছোঁয়া পেয়ে
যেমন জেগেছে পাখি মন্দিরের পাশে
ফুলের সুবাসে, আতর-গুগ্গুল গন্ধে আরতি হয়েছে
আমিও স্নান সেরে পবিত্র হয়েছি
তুমি জানো,
আজ সব বধ্যভূমি
বাকিটুকু অধরা স্পর্শকাতরতা।

মুখরতা শেষ হলে
বাকি সব অপচয় মনে হয়
যা কিছু নির্ভুল ছিল
মৃদু রহস্যের মতো সেসব ভুলেছি
সুদূর দিগন্তের দিকে চেয়েও থেকেছি নির্নিমেষ
তবে তা আমারই ভুল
আমাকে কথায় ধরে রাখা
বরং রাত্রি ভাল,
তাকেই দু-হাতে মেখে অপচয় ভুলে থাকো
দূরত্বে যেও বারবার...

যাত্রীরা নেমে গেলে
শেষ ট্রেন বিষণ্ণ মনে হয়
দু-এক ষ্টেশন পর
আমার আরোগ্যলাভ স্বাভাবিক
তুমি তা জেনেছ, বুঝেছ
দূরত্ব ভালোবেসে হেসেছ ধীর স্থির
হে রহস্যময়ী,
আমি সে সুষমা বুঝি
অধরামাধুরী ভেবে উষ্ণতা পানের পর বোঝা গেছে
এই মৃত্যু আর কিছু নয়
বরং স্টেশন শেষে
পরবর্তী স্টেশনের অপেক্ষায় থাকা।

গন্তব্যে যেতে পারিনি কখনও
কী এক আকর্ষণ বোধে
পিছুটান লক্ষ করে গেছি
চিহ্নহীন হতে হতে দেখেছি
সুদূর মায়ালাভ, চিত্রলিপি
বর্ণনাতীতভাবে আখর আঁকড়ে ধরে রেখেছি শিল্পসুষমা
এই তবে যাত্রা শেষ?
দীর্ঘ সময় ধরে আশ্লেষ জন্মেছে
শরীর স্পর্শ পেয়েছে, ছুটে গেছে বারবার
অথচ দ্যাখো, কোথাও রয়েছ বলে
তার রেখা খুঁজে পাওয়া যায়
অন্তহীন দাগ ফুটে ওঠে।

পরিশেষে শোনা যায় ট্রেনের হুইসেল
যাত্রা দীর্ঘ হলে অকারণ ক্লান্তি নেমে আসে
তন্দ্রাচ্ছন্ন মনে হয় সব
এ কোনও শহর নয়, সামান্য ট্রেনের ধ্বনি
সকাল ও বিকেলের ব্যস্ততা পেরলে
সহসা দূরত্ব বোঝা যায়
ঘুম ভেঙে জেগে ওঠে নিজস্ব স্টেশন।

চূর্ণ-বিচূর্ণ স্মৃতি স্রোতে ভেসে যায়
যাত্রাপথ দীর্ঘ হলে
খানিক তন্দ্রাচ্ছন্ন থাকা ভাল
অনভ্যাসের ফলে যে সময় কেটে গিয়েছিল
তাকেই ধরে রেখে পৌঁছাতে চাও
নির্জন কোনও স্থানে
কী পেলে ভুলে যাবে সব?
অনন্ত যৌবন নাকি ঈশ্বরের দান?

নির্জন উপবাসের পর
এই কাল দীর্ঘ মনে হয়
তাও সরে যাও
পুরুষ বা নারী, যে-ই হোক না কেন
মৃদুস্বরে কথা বলে ট্রেনের কামরায়
আমাকে লক্ষ করে, তুমিও যেমন,
সমস্ত স্থির তবু বাইরে সরে যায় আমূল পৃথিবী
গন্তব্য শেষ হলে তুমিও নেমে গেছ আগের স্টেশনে
আমাকে কামরায় একা ফেলে
আমার গন্তব্য হোক পরের স্টেশন।

এ যেন স্বপ্নের মতো
সবকিছু পরাবাস্তব
মনের বিভ্রমে ভুল হয়
রাতের স্মৃতিকে সরিয়ে রেখে
মনে যেন পরজন্মে যাই,
এই শ্বাস অপেক্ষাকৃত লঘু
কে তাকে রেখেছে?
এই প্রেম আজন্ম শ্বাস ধরে রাখা
আচমকা গতিপথ পরিবর্তনে
দূরপাল্লা ট্রেনের মতো স্টেশন পেরোয়
অচেনা কামরায় সবকিছু একা মনে হয়...

মৃদুস্বরে কেঁপে ওঠে আখরধ্বনি
সমাচ্ছন্ন ক্রন্দনধ্বনি শুনে
বহুবচনের পরে
ফেলে যায় অন্তিম শ্বাস
এই প্রেম একা, অপেক্ষাকৃত লঘুস্বরে থাকে।

ভিতরটুকু স্পষ্ট হলে
বিচূর্ণ হয় মায়ামোহজাল
একথা তুমিও জানো
অন্য কোনও কামরার শেষে
রেলপথ মিশে গেলে
বোঝা যায় সন্ধে নেমেছে
এই গান স্পষ্ট মনে হয়
চলে গেছে দিকচক্রবালে।

ডান ছিঁড়ে ফেলো, হে পাখি
পড়ে থাক নরম নির্জীব শ্বাস
যেভাবে চেতনা স্থির রেখে দৃষ্টি বিভ্রম হয়
ছায়া বলে ভুল হলে
সরে যায় দীর্ঘক্রান্তিকাল।

শরীরের নীচু ভাগ ছুঁয়ে থাকো, হে ধ্বনি
আরও প্লুত স্বরে আস্বাদের কথা বলি
সকলেই জানে
গতিপথ দীর্ঘ হলে
ক্রমশ থেমেছে হাওয়া
উড়ে গেছে সুদূর আকাশে।

ছুঁয়ে থাকো দীর্ঘক্রান্তিকাল
পরবস সন্তানের মতো ধারণ করেছ স্বাভাবিক
আরোগ্যলাভের পর যেমন অধিকতর স্নায়ু প্রকাশ্যে থাকে
তেমনই আশ্লেষ থেকে পুনর্বার জেগে উঠে
এ তত্ত্ব স্বাভাবিক মনে হয়
তুমি জানো,
জন্মলাভের পর শিশুর পরিচর্যা
রোমাঞ্চবিভ্রম মনে হয়।

মোহিত গর্ভধ্বনি শুনি
শ্বাপদের প্রজনন শেষে
সে কোনও অবোধ শিশু
মাংস নিয়ে খেলেছে যেভাবে
তেমনই গর্ভধ্বনি শুনে
সহসা চকিত, সন্ত্রস্ত হয়ে থাকি...

ঋণ নিয়ে হাওয়ারা খেলছে
উড়ো চুল, খোলামেলা বেশ
যা কিছু ছুঁয়েছ অকালে
এই রাতে আরোগ্যলাভের আশায়
বসে আছ দিগন্ত আলো করে
অথচ দ্যাখো, সমান্তরাল পথে হেঁটে যেতে যেতে
দীর্ঘকাল হয়ে আছ যুক্তাক্ষরহীন
ফুটে ওঠে বলিরেখা, অপেক্ষা স্নায়ুর অবসরে...

নিঃশ্বাস আঁকড়ে রাখি যন্ত্রণার মতো

হৃদয়ে অনুকম্পা জাগে

সবটুকু পথের শেষে

রয়ে গেছো আখরহীন

মলাট খসে গেলে প্রয়োজনহীন হয়ে ওঠে প্রচ্ছদ সব

একথা তুমিও জানো,

নিবিড়তা টানের কথা জানো

আকস্মিক পথের শেষে

মুছে গেছে সব অক্ষর

ধুয়ে গেছে আচমকা বৃষ্টিপাতে...

ধারাপাত শেষ হলে
মূল সত্য বুঝে নিতে হবে
যেভাবে বিচ্ছিন্ন থেকে
নির্জনতা ছুঁয়েছ বহুকাল
ভেসে বেরিয়েছ কখনও সম্মতিক্রমে
ট্রেনের যাত্রাপথ স্থূল মনে হলে
তোমার উপমাটুকু আড়ালেই থেকে যাবে
মিশে যাবে ঘোর নীলিমায়...

আঘাতে আলোড়িত
হে বিচূর্ণ জলরাশি
তোমার বৈভব তুমি অর্থহীন করে রাখো
পার্শ্ববর্তী দ্বীপপুঞ্জ সহসা জেগে ওঠে
ধরা দেয় দিকচক্রবালে
কোথাও নির্মোহ হতে পারনি বলে
স্খলিত পক্ষীর মতো
ডালে ডালে ঘুরে মরো...

বয়স ফেরেনি বুঝি,
আজন্ম শৈশবকাল ছায়া ফেলে রাখে
ভুল ভেবে যাকিছু দিয়েছ
তোমার মায়ার মতো
হা হা ধ্বনি, হাসির স্রোত
আরও কিছু ভঙ্গিমা চোখে পড়ে...

প্রজননে সক্ষম হয়ে
শ্বাপদের ঘ্রাণ পেয়েছি
উষ্ণতাবোধে নিবিড় হয়েছি ক্রমশ
ভেবে দেখো, দূর কোনও যাত্রাপথে
পুনরায় দেখা হলে
পরিচয় হবে অন্য কোনও নামে
সমস্ত ফুরিয়ে যাবে কবন্ধ ইতিহাসে
ফেলে আসা ঘটনাসমূহে...

পুষ্পাধারে ঢেকে গেছে শয্যাটুকু
এ কোনও প্রেম নয়
আমার অন্ধকার
গলিত, স্খলিত, বীর্যাকারে সুপ্তিহীন
ভালবেসে ছুঁয়ে থাকি এই রাত্রিকাল
এ তবে বাস্তব নয়
জ্বলে থাকে স্পর্ধাহীন শ্বাস
অলক্ষ্যে ধরা পড়ে চিকিৎসাসমূহ
ফলত নিরাময়, আরোগ্যলাভ নিকটে আসে।

এ কোনও মলম নয়
বরং পলিমাটি দিয়ে ক্ষতস্থান ঢেকে দিতে পারি
তুমি তা জানো,
স্পষ্টত জ্বলেওছি আগুনের মতো
পোড়ামাটির গন্ধে ভুলে গেছি কালচক্রধারা
মৃত্যুকে ভালোবেসে ক্রমশ নিকটে এসেছ
করুণ ধানের মতো ভিতরটুকু জ্বলে
বাকি পথ শ্মশানযাত্রীর।

সন্তান স্নেহে ভুলে যাও জারজ যন্ত্রণা
অব্যক্ত রহস্যধ্বনি আকাশে বাতাসে
আসন্ন উৎসবের দেশে যেতে হবে বলে
কিছু সুখ পড়ে আছে পথে
তাকেই আঁজলা ভরে পান করো
সদাহাস্য লাস্যময়ী শাখা।

অন্তিম লগ্ন ছুঁয়ে আছ জাতকের বেশে
সন্তানের মতো লালন করেছ ঢের
তার কথা ভুলে গিয়ে শূন্যকে ভালবাসো
কী বার্তা এনেছ পথিক?
শরীর তৃষ্ণার্ত রেখে
ছুটে গেছ পুষ্করের ধারে...

যে গান হারিয়ে গেছে আমি তার ক্রন্দনধ্বনি
মুগ্ধ হই না, শুনি না ব্যক্ত প্রলাপ
কেবল কালক্ষেপে পড়ে থাকি শূন্যতায়
                                        একা

হে রহস্যময়ী,
ক্রমশ আদেশ থেকে বিরত হয়ে
হারিয়েছে সব অধিকার।

.

যে ক্ষত সারেনি, তাকেই লালন করি
ফলত দেহের অনাবৃত ভাগ সামনে আসে
স্খলিত সংযমবোধে ভাষা হারিয়েছে
ছুঁয়ে গেছে কাব্যসুষমা
অপূর্ব বেদনাবোধে জেগে ওঠে অন্ধকার, চরাচরভূমি
আমি তার দানটুকু শীর্ষে তুলে রাখি।

কী যেন রহস্য আছে জলের গভীরে
মাতৃগর্ভে একথা জেনেছি
দুগ্ধপানের পর অপরূপ জেগে ওঠে রক্তের স্বাদ
তুমি তার মায়া
নিবিড় বিভ্রমবোধে বাধা ও ব্যাঘাত পেয়ে
ভেঙে গেছে ঘুম, মুছে গেছে চরাচরভূমি
আদিম আশ্লেষে মাংস খোঁজে তোমার সন্ততি...

তবে তো জন্মাইনি আমি, হে অজাতক
কেবল দীর্ঘ ঘুম থেকে জেগে বসে আছি
এই যে চারণভূমি, তাকেই দীর্ঘসত্য মনে করি
ভালবাসা শেষ হলে শৃঙ্গার ঝরে পড়ে
তুমি তার রহস্য জানো,
আরোগ্যলাভের কথা ভেবে
আবার জন্মে যাব, হে অজাতক।

ক্রমশ অন্ধকার থেকে জেগে উঠি
অপূর্ব জ্যোৎস্নালোকে,
অমৃতদানের মতো জীবাশ্ম হয়ে গেছি
কখনও কোনও প্রেমিকের সাহচর্যে সামনে এলে
ধরা পড়ে ঢাকা ইতিহাস
আকর্ষণীয় বর্ণনালিপি...

অবশেষে জন্ম হল সন্তানের মতো
এই কথা ভেবে বাস করে গেছি,
হু হু হাওয়ার মতো ক্রন্দনধ্বনি উপেক্ষা করেছ
তবু তার রেশ রয়ে গেছে
এই কথা সত্য মনে হয়, অবয়ব ফুটে ওঠে
শোনা যায় অপলক হ্রেষাধ্বনি।

বিয়োগের কথা মনে পড়ে
শরীরে জ্যোৎস্নার স্বাদ ঝরে গেলে
মৃত্যু এসে তুলে নিয়ে যাবে
এই ব্যথা সম্মত দান
একাকীত্বের মতো সমস্ত রস পান করেছ বলে
দীর্ঘঘুম থেকে জেগে বসে আছি
এই শেষ আবহধ্বনি, অক্ষরের শ্বাসপ্রশ্বাস।

মৃত্যু এসে সুর নিয়ে যায়
মাথার ভিতর কথা, আঁজলা ভরা জল
অজানা বাঁশির সুর বেজে ওঠে
হাওয়ারা পাশাপাশি চলে
মাথার ভিতর কী যে অজানা করুণ সুর বেজে ওঠে।

পুনরায় ব্যথা পেতে হল
জল তার রহস্য জানে
আমিও চুপ করে থাকি
সন্তানের কথা ভেবে, রহস্যের কথা ভেবে
ঘরের মধ্যেকার হাওয়া ঘুরে ওঠে
সমস্ত ধ্বনি এসে নিঃশ্বাস ছুঁয়ে যায়
তুমি জানো, হে অজাতক
যেভাবে জন্মের ঘ্রাণ ঝরে গেলে
প্লুতস্বরে জেগে ওঠে রাতের বিষাদ।

অগ্নির দাহ্যতা জানি
জ্বর এলে তন্দ্রাঘোরে কেটে যায় আশ্লেষধ্বনি
ফলত মৃত্যুর কথা ভাবি, জ্যোৎস্নার কথা ভাবি
ভবিষ্যতের কথা...
শ্মশানযাত্রীর মতো পাশাপাশি হাঁটাপথে
ভালবাসা পুড়ে গেছে
একাকী শ্মশানভূমি
কতক পুড়েছি আমি-তুমি।

ঘুম ভেঙে যায়
দুলুনি বেয়ে ক্লান্তি নেমে আসে
আলোর রোশনাই ফেলে গতি উৎসবে
ট্রেন চলে রেলপথ ধরে
সমান্তরাল পথে হেঁটে চলে অন্ধকার আলোরেখা
এই প্রেম আশ্লেষধ্বনি, একা
বিচ্ছেদের ঘ্রাণ লেগে আছে
তোমার মুখের মতো অক্ষরহীন, মৃতপ্রায়...

হে লাস্যময়ী, জ্বরের ঘোর তীব্র হলে

ঘাম নেমে আসে

তন্দ্রাচ্ছন্ন মনে হয় চারপাশ

কোমল শরীর বেয়ে নেমে আসে আখরধ্বনি

এ সময় প্রেম নয়

অনুকম্পা ছিন্ন করে বিভ্রম জেগে ওঠে

দিকশূন্য নেমে যায় জলের গভীরে

তোমার চোখ থেকে অন্য কোনও দৃষ্টি ঝরে পড়ে...

www.ingramcontent.com/pod-product-compliance
Lightning Source LLC
Chambersburg PA
CBHW050857150626
46549CB00013B/3028
* 9 7 8 9 3 8 7 8 8 3 0 5 5 *